# Taufers

## Eine Dynastenburg

Alexander
von Hohenbühel

Herausgegeben vom
Südtiroler Burgeninstitut



SCHNELL | STEINER

# Vorwort

Burgen waren durch Jahrhunderte Bezugspunkte und Plätze bedeutender Entscheidungen. Sie entstanden aus den Erfordernissen einer bestimmten Zeit und wurden von gesellschaftlichen und militärischen Veränderungen geprägt. Das äußert sich im Ausbau der Burgen zu wehrhaften Festen oder prunkvollen Residenzen, aber auch im Verfall. In solchen Entwicklungen liegen historische Aussagekraft und kunstgeschichtlicher Wert. Der Pflege durch Generationen verdanken wir den Fortbestand manch einer Burg, vielfach aber wurden diese „Bauwerke der Geschichte" erst im 19. Jahrhundert, oft nach Jahrzehnten der Vernachlässigung, von ihren ehemaligen Besitzern, von Touristikern, Vertretern des Bildungsbürgertums, von Architekten, Denkmalpflegern und Wissenschaftern als Stammsitze beziehungsweise als wertvolle und interessante Objekte entdeckt und sodann wieder aufgebaut oder restauriert. Entsprechend vielfältig fiel und fällt noch heute der Umgang mit der Bausubstanz aus. Die jeweilige Nutzung hinterlässt mehr oder weniger deutliche Spuren.
Das Südtiroler Burgeninstitut, das am 15. August 1977 die ehemalige Dynastenburg Taufers feierlich übernahm, verpflichtet sich in seiner Satzung, aber auch nach dem Willen des Vorbesitzers, große Vorsicht im Umgang mit den verschiedenen Einflüssen der Zeit walten zu lassen und diese mit Aufmerksamkeit zu verfolgen.
Die im Laufe der letzten Jahrzehnte erfolgte Öffnung der vereinseigenen Burgen Trostburg und Taufers für ein Millionenpublikum (mit Burgführungen und kulturellen Veranstaltungen) wurde positiv aufgenommen und als sinnvolles Zugeständnis an die Wirtschaftlichkeit gewertet. Dadurch und mit Hilfe öffentlicher und privater (ehrenamtlicher) Förderer können die beiden Burgen erhalten und zahlreiche weitere Aufgaben des Burgeninstituts umso leichter erfüllt werden.
Der Autor des vorliegenden Büchleins will das vermeintlich Selbstverständliche einer Burg, die Geschichte, in den Mittelpunkt der Darstellung rücken. Sie soll dem Leser die Dynastenburg Taufers ohne die sonst übliche Trennung von Besitzergeschichte und Baubeschreibung vorstellen und näher bringen. Möge der neue Burgbegleiter, der jenen des Jahres 1992 ersetzt, dem geneigten Leser zur angenehmen und bereichernden Lektüre werden und einen kunsthistorischen Rundgang durch die Burg in sinnvoller Weise ergänzen.

Freiherr Dr. Carl Philipp von Hohenbühel
Präsident des Südtiroler Burgeninstituts

Zugang zur Burg Taufers
mit Torturm und Wehranlagen ▷
(2. Hälfte 15. Jahrhundert)

Weissenbach
S. Martin
S. Maria
Arzbach
Luttach
Weisenbach Thal
Gross Clausen B.
Klein Clausen B.
Schröck Wand B.
Deckl
Hofers
Seeberg
Pichl Ba.
Angerstöckl
Achhornach B.
S. Anna
Mosnock B.
Achhornach
Taufers
S. Moriz
Purkofl in Tobl
Grosse Nock B.
Klein Nockl B.
Sann B.
Labach
Mühlwalder B.
Mitterberg
Am Sand
Zeilheim
Schrottwinkl
Pfarr Taufers
Bad Winkel
Kematen
Kemater B.
Mühl
Au
Maria
Kirchel
Mühlwald
Thal u. Ba.
Schatten B.
Rizen B.
Kas Ba.
S. Walburg
Reisenock B.
Knappen
Wenger
Uttenheim
Donnerschlag See
Bruck B.
S. Valentin
Marzol A.
Kaltwasser Thal
Grünbacher
Bahrnthaler A.
Stock
E N E G G
Pichler B.
Pichlern
Hüner spil B.
Samboick B.
S. Magdalena
Neuhaus
S. Maria
Birkach
Ainsperg
Mühlbach
Mühlbacher Thal
Schönegger Ba.
Gais
Desselberg
Förchach
Schönegg
Hofern
Kehlburg
Hasenried
Sichelburg
Gisbach
Freyenstein
S. Georgen
S. Sigismund
Maria Loreto
Millen
Issingen
Pfalzen
Greinwalding
Aufhofen
Oberwillen bach
Plattner B.
S. Valentin
Sonnegg
Kiens
Diettenheim
Luns
PRUNECKEN
Ehrenburg
Stegen
Willenburg
Unter Willenbach
Percha
A
Kniepas
Glurnheer
Kienberg
Klosterwald
Sonnenburg
Kien bühel
Wöhrsberg
Oberhausen
Naissen
Neurasen
H. Creuz
S. Lorenzen
Kien B.
Ellen B.
Reischach
Lamprechtsburg
Neinheusen
MICH AE
L
S
Maurer
S. Martin
Schwarzhorn
Walchhorn
Riesl B.
Montan
Michaelsburg
Stephandorf
Raunwald
Saalen
B U R
G
Niederolang
Saal Berg
Stephandorfer B.
Reischacher B.
Mitterolang
Ohnach
R
AS
Paz Cron B.
Geiselsperg
Mosinger B.
S. Georg

# Frühgeschichte

## Die frühe Besiedlung des Tauferertales und der Name „Taufers"

Taufers, ein Seitental des Südtiroler Pustertals, das bei Bruneck nach Norden abzweigt, wurde schon früh begangen, so konnten vereinzelte Tonscherbenfunde bei St. Walburg in Kematen, in Sand und Ahornach Siedlungsspuren der Bronze- und Eisenzeit, insbesondere der Hallstattkultur (800–500 v. Chr.), belegen.
Der Name *Taufers*, der ab der Mitte des 11. Jahrhunderts in schriftlichen Quellen auftaucht, weist noch in vorrömische Zeit: Ihm liegt der mit dem süddeutschen *Tobel*, dem slawischen *daber* und dem lateinischen *tubus* verwandte Wortstamm *tob-* (bzw. *tub-* oder *tuf-*) zu Grunde, der ein begehbares, schluchtartiges Tal bedeutet. *Tuferes* (*tuf-* + Ableitungselement *-eres*) bezeichnete die Talschaft zwischen Sand und Bruneck, allerdings unter Einschluss aller Nebentäler mit ihren Bergübergängen in das Zillertal und in den Oberpinzgau sowie nach Defereggen. Sprachgeschichtlich verkürzte sich das Wort zu *Tufres* und wurde zum Namen einer Herrschaft und eines edelfreien Geschlechts. Erst im Laufe des 13. Jahrhunderts entwickelte sich der Name endgültig zu *Toufers* beziehungsweise *Taufers* und blieb am Herrschaftssitz, der stolzen Burg am Eingang ins Ahrntal, haften.
In der zweiten Hälfte des 7. Jahrhunderts gelang es den Baiern, von Salzburg aus durch Taufers nach Süden vorzudringen. Ein Durchstoß bis Bozen verband das bairische Herzogtum mit dem langobardischen Königreich, doch war dieser vorerst nur bis um 680 zu halten. Die bei Taufers gewonnene Alpenöffnung musste daher abgesichert werden, so besiedelten die Baiern das Pustertal im Brunecker Becken. Aus dieser Nord-Süd-orientierten Wahrnehmung der Gebirgstäler wurde die *Pyrrha* zum Hauptfluss des Pustertals: Sie wird heute in Ahrn und Taufers als *Ahr* und im westlichen Pustertal von Bruneck bis Brixen als Unterlauf der *Rienz* bezeichnet. Ihren Tälern kam bis zur Mitte des 8. Jahrhunderts eine zentrale strategische Bedeutung zu. Danach eröffneten sich den Baiern durch Vorstöße in angrenzende Gebiete weitere Möglichkeiten, über Innichen nach Kärnten oder über den Brenner nach Süden zu gelangen.

## Frühe Herrschaftsstrukturen

Ab der Mitte des 10. Jahrhunderts verlangte die Anbindung des deutschen Königtums an das römische Kaisertum den Ausbau der Passstraßen. Beheizte Gemächer (lat. *caminata*), die Reisenden als Herberge oder Hospiz dienten, zeugen durch

◁ Taufers mit seinen Tälern, Orten und Burgen (Atlas Tirolensis von Peter Anich, 1772).

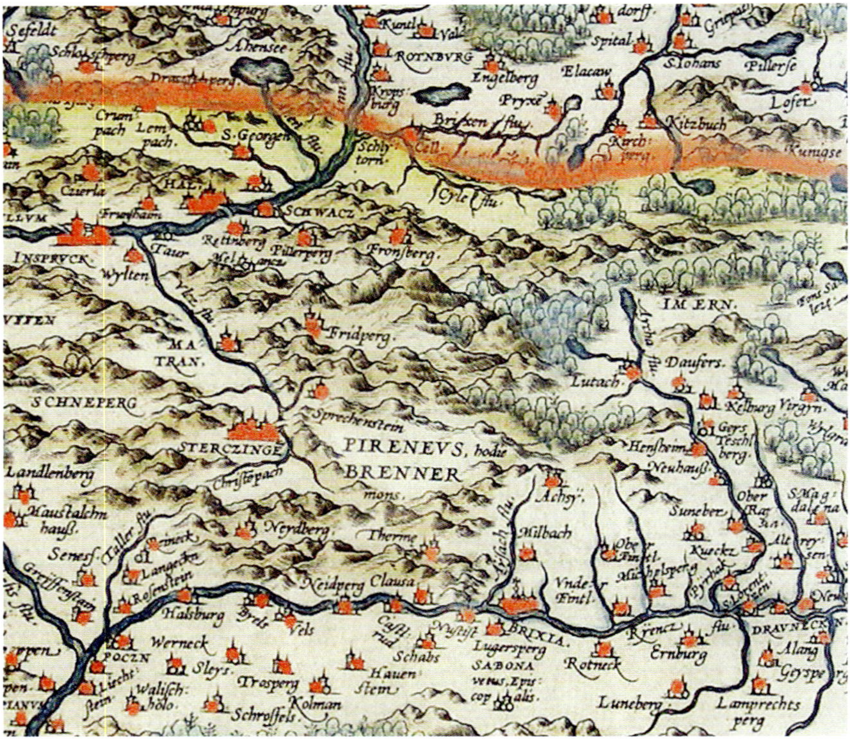

Birnlücke und Krimmler Tauern ermöglichten den Alpenübergang vom Oberpinzgau und dem Zillertal nach Virgen und über Taufers ins Defereggen und nach Süden. (Tabula Wolfgangi Lazii, Johann Maior ed., Wien, um 1550).

den mittelhochdeutschen Ursprung des Ortsnamens Kematen (*kemenâten*) noch heute von der Wichtigkeit des Weges.

Eine Legende erzählt vom heiligen Wolfgang (924–994), der „Ungläubige“ verpflichtet habe, den Weg von Tobel nach Rein zu pflastern. Möglicherweise ließ ein Bischof von Regensburg, der selbst im Zillertal mit Grundherrschaft ausgestattet war, den Weg tatsächlich anlegen.

Für die Zeit, in der sich in Taufers ein eigener Herrschaftsdistrikt mit einem Sitz am *Burgkofel im Tobl* ausbildete, muss auch dem Reintal Beachtung geschenkt werden, dessen Eingang von der Burg Tobel kontrolliert wurde. Seinen Bergübergängen nach *Tobereche*, wie das Defereggen im 12. Jahrhundert genannt wurde, verdankte die Herrschaft Taufers einige Rechte, die sich jenseits des Bergkammes befanden.

Ein ehemals dem bairischen Herzog unterstellter Bezirk *Taufers* hatte sich wohl weitgehend verselbständigen können, als sich die Grafschaft im Pustertal vom Herzogtum Baiern löste. Als Versuch, eine vom loka-

Die Kontrolle über die Wegverbindungen zählte zu den wichtigsten Aufgaben der Tauferer Burgen.

len Adel möglicherweise geförderte, vollständige Abspaltung des Bezirkes von der gräflichen und damit kaiserlichen Herrschaftsgewalt zu unterbinden, mag die im Jahre 1048 erfolgte kaiserliche Schenkung eines Waldes an die Bischöfe von Brixen gewertet werden. Dieser Wald reichte nämlich von Ahrn über das Defereggen bis Gsies und beinhaltete ausdrücklich alle Alpenjoche, die damit dem Zugriff des Adels weitgehend entzogen wurden.

Der künstlich gerundete Hügel bei Kematen, auf dem an einer übersichtlichen Stelle des Tales die Kirche *St. Walburg* (1030 m) steht, eignete sich bereits in der Bronzezeit als Wallburg (Siedlungsplatz), doch die vorhandene Baustruktur ist mittelalterlich. Sie bezeugt ein ehemals umfriedetes „festes Haus", das erst nachträglich durch einen Steinbau ersetzt wurde. Er ist im Langhaus der heutigen Kirche aufgegangen und lässt einen Burgtyp erkennen, der in der zweiten Hälfte des 11. Jahrhunderts vom Rheingebiet in den Alpenraum gelangte. In der Regel wurde er von Ministerialen

## Theorien zur Herkunft der Tauferer

Der seltene Leitname Hugo, der als adeliger Vorname im Pustertal (Aufhofen/Rasen), in Kärnten, Friaul und Krain bereits ab der zweiten Hälfte des 10. Jahrhunderts belegt ist, könnte auf eine ursprüngliche Provenienz der Herren von Taufers aus dem fränkisch-elsässischen Rheingebiet verweisen. Besitzungen und später belegte familiäre Beziehungen sprechen für eine Verankerung des edelfreien Geschlechts in Bayern und im Kärntner Raum, wobei sich genealogische Verknüpfungen auch nach Brixen zu einem gewissen Wolftrigil oder nach Elvas herstellen lassen. In ähnlicher Gegend und Häufung fällt der Leitname noch bei den ebenfalls edelfreien und zuweilen als Grafen betitelten Herren von Duino auf.
Möglicherweise ist im 1111 genannten Bischof Hugo von Brixen († 1129?), der auch in Krain begütert war, ein Tauferer zu erkennen. Er könnte den Ausbau der Burg Tobel und die Ausdehnung der Herrschaft nach Ahrn gefördert haben. Umgekehrt könnte die Herrschaft Taufers Bischof Hugo jenen politischen Rückhalt geboten haben, den dieser benötigte, um sich in Teilen seines Hochstifts noch bis 1127 zu halten, obwohl er 1124 auf Betreiben des papsttreuen Erzbischofs von Salzburg als Schismatiker seines Amtes enthoben worden war. Bischof Hugo hatte nämlich als ehemaliger kaiserlicher Hofkaplan zu Regensburg die Idee von einem Salierreich vertreten, das dem Papsttum keine Hegemonie einräumte.

bevorzugt, die eine kostengünstige Alternative zur Errichtung eines eigenen Wohnturmes suchten. Dienstmannen, die hier hausten, könnten als *Maier* ein Urbar, verschiedene Bodenerträge, verwaltet haben, das zu einer größeren, möglicherweise bereits zu Tobel gehörigen Grundherrschaft im Bezirk (*pagus*) Taufers zählte. Tatsächlich wird der Tauferer Urbarbesitz im Jahre 1338 in mehrere Verwaltungen (*preposituræ*) unterteilt, von denen eine für Mühlwald und Kematen zuständig ist. Die im 13. Jahrhundert bezeugten Ritter von Kematen waren allerdings nicht auf St. Walburg gesessen.

### *Die Herrschaft Taufers*

Kurz nach 1091 wird Taufers erstmals als *territorium* (Herrschaft) bezeichnet. Ein wehrhafter und Schutz bietender Herrschaftssitz wird in der Regel dort zu suchen sein, wo eine Burg den Namen der Herrschaft trägt. Im Fall der Burg Taufers allerdings lässt der Baubefund (zwar mögliche, aber keine verbindlichen) Rückschlüsse auf eine derart frühe Entstehungszeit zu, so dass sich dieser Sitz vielmehr am Eingang ins Reintal, auf einer vom Gletscher abgeflachten Felsrippe befunden haben mag.

Dort trägt die *Burg Tobel* einen mit der jüngeren Bezeichnung *Taufers* stammesverwandten Namen. Die vorhandenen Mauerzüge der etwa zweihundert Meter langen Anlage werden neuerdings – obige Überlegungen bestätigend – auf die Zeit *um 1100* datiert.

Der damals sehr seltene, weil kostspielige, Steinbau, die Lage der Burg Tobel, hoch über dem Talgrund, und ihre unerwartete Ausdehnung sprechen für eine abgehobene rechtliche Stellung der Burgherren. Der Burgtyp einer *Abschnittsburg*, die durch einen Halsgraben in zwei Bereiche geteilt ist, deutet dabei geradezu idealtypisch eine Doppelnutzung durch Burgherren und Burgmannen an. Als Vasallen des Grafen Engelbert von Pustertal († 1091) kommen hier ein *dominus Harnith* und um 1086 ein gewisser *Ratkis* in Frage, die Schenkungen an das Hochstift Brixen veranlassten. 1309 sollte die Burg auf Wunsch Hugos VI. von Taufers in ein Klarissenkloster verwandelt werden.

### *Erstes Auftreten der Edelfreien von Taufers 1136*

Das erste Auftreten eines Geschlechts, das sich nach Taufers nannte, ist 1136 in einer Urkunde des Patriarchen von Aquileja belegt. *Hugo de Tufers* bestätigt darin eine Schenkung an das Benediktinerkloster Mosburg (Mosac) in den Bergen Friauls. Um 1140–45 wird er bereits mit seinem Sohn Hugo II. von Taufers in Wilten genannt. Laut einer

Wappen der Edelfreien von Taufers.

unbestätigten Quelle trat *Hugo, des Hugo von Tuvers Sohn,* auch als Zeuge auf, als Erzbischof Konrad von Salzburg (1106–1147) dem Chorherrenstift Chiemsee einen halben Hof bei Stumm im Zillertal übertrug.

Auf Hugo II. von Taufers († um 1160) folgten dessen Erben Hugo III. († 1214?) und Heinrich I. († um 1181). Von Hugo III. ist bekannt, dass er ab 1165/70 zumeist in Zeugenreihen bayerischer Adeliger, anlässlich des Friedens von Venedig auch in Ravenna in einer Urkunde Kaiser Friedrichs I. Barbarossa (1155–1190) genannt wird. Seine besondere Stellung wird ersichtlich, als er 1202 einen Görzer Friedensabschluss bestätigte und als er 1206 nach Nürnberg gerufen wurde, weil König Philipp (1198–1208) den Patriarchen von Aquileja wider geltenden Rechts gezwungen hatte, zur Übernahme der Regalien nach Deutschland zu reisen.

Hugo III. von Taufers lebte in Aquileja, sodass er 1197 auch im Friaul erwähnt wird, wo er nicht näher bekannte Interessen zu vertreten hatte. Im Jahre 1206 wird er gemeinsam mit Heinrich von Villalta genannt, dessen Tochter Euphemia er zur Frau hatte. Ihr überließ er als Witwengut einen Ansitz (*Casale cum turri in loco Luenz aput pontem*) und eine Mühle in Lienz, drei Höfe in Tristach, ein Gut in Leisach und einen weiteren Hof zu Amlach. Euphemia vermachte diesen Lienzer Besitz 1216 ihrer Tochter Beatrix, der Gemahlin des Lienzer Burggrafen Otto. Mit Heinrich (II.), dem Bruder der Beatrix und nachmaligen Bischof von Brixen, erlosch dieser Zweig der Tauferer 1240 im Mannesstamm.

So brachte Heinrich I. von Taufers († um 1180), der Bruder Hugos III., den Stamm der Tauferer zum Blühen, indem er Mechthild von Hohenburg († um 1220) heiratete. Trotz seines frühen Todes gingen aus dieser Ehe zwei Söhne, Hugo IV. und Ulrich I., hervor, auf die unten noch eingegangen wird. Heinrichs Anwesenheit in Taufers ist nicht belegt, vielmehr fällt ein vermehrtes Auftreten ritterlicher Ministerialen auf, die, wie die Mauerdatierung anrät, noch auf Tobel, der *Moarburg* am Kofel, die Burghut versahen. Mit Unterstützung des Kaisers wurde Mechthilds Bruder Richer Bischof von Brixen (1174–1177), sodass die bestehenden Beziehungen zum Hochstift weiter ausgebaut

## Heinrich (II.) von Taufers, Bischof von Brixen

Heinrich (II.) von Taufers wurde 1216 Kanonikus und Archidiakon in Aquileja, 1224 als Heinrich IV. Fürstbischof von Brixen (Weihe 1228).
Bischof Heinrich war sowohl von der Armutsbewegung der „fratres minores" als auch vom apostolischen Führungsanspruch in der neu diskutierten Zwei-Schwerter-Theorie (vgl. Seite 18) sehr geprägt. Das zeigt sich in der Gründung des Klarissenklosters 1235, das er der mildtätigen Elisabeth von Thüringen weihte, ebenso wie in der von ihm erwirkten, lehensrechtlichen Bindung des Adels an den Bischof. Durch letztere konnten etwa Hugo IV. von Taufers, Graf Albert III. von Tirol oder Herzog Otto I. von Andechs-Meranien ihre jeweilige Stellung in Taufers, in der Vogtei über Brixen beziehungsweise hinsichtlich der Grafschaftsrechte im Inn- und Pustertal deutlich ausbauen. Die für das Hochstift zumindest auf kurze Sicht nachteilige Verwaltung Bischof Heinrichs, stieß auch beim Kaiser auf wenig Gegenliebe, worauf dem Bischof 1236 alle Hoheitsrechte entzogen wurden.
Als Heinrich IV. 1240 in Brixen starb, wurde er bei den Klarissen beigesetzt. Sein Name blieb trotz einiger bleibender Verdienste um seine Stadt, etwa beim Wiederaufbau nach der großen Feuersbrunst 1234, lange Zeit aus der offiziellen Bischofsliste getilgt.

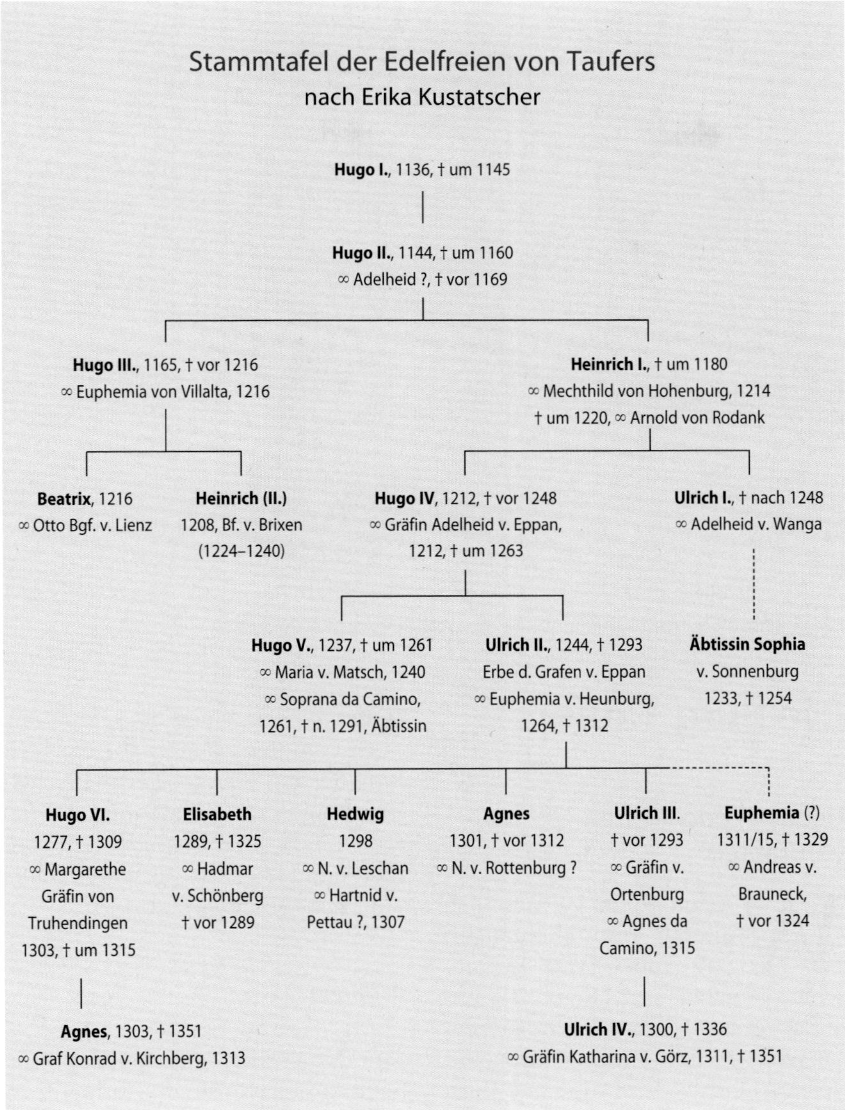


werden konnten. Nach dem Tod Heinrichs werden höhere Brixner Stiftsministeriale genannt, die in Taufers verschiedene Schenkungen und Verkäufe veranlassten. Unter ihnen auch ein Vetter des Bischofs Konrad (1200–1216), Arnold II. von Rodank († 1220), der die verwitwete Mechthild von Hohenburg heiratete.

Burg Taufers im frühen 13. Jahrhundert (Rekonstruktionsversuch, 2006).

# Die Burg Taufers

## Neuer Sitz der Herren von Taufers

Was mit dem vermeintlich älteren und ehemaligen Sitz Tobel (1172 m) geschah, ist unbekannt. Hugo IV. könnte ihn verlassen haben, nachdem dieser wohl noch im zweiten Jahrzehnt des 13. Jahrhunderts die neue Burg Taufers (957 m) am Fuße des Berges Ahornach errichtet hatte. Für einen kostspieligen Burgenbau besaß der Tauferer die nötige Machtfülle, nicht zuletzt, weil er 1212 Gräfin Adelheid von Eppan geheiratet hatte. Wahrscheinlich nahm Hugo IV. wenig später auch an einem Kreuzzug teil, doch beredtes Zeugnis für die Stellung der Tauferer geben das Erscheinen Hugos am Fürstentag in Friesach mit 23 gepanzerten Rittern oder die Wahl Heinrichs (II.) von Taufers zum Fürstbischof von Brixen.

### *Bergfried*

Eine der ältesten Aufgaben der Burg, Schutzunterworfenen Zuflucht zu bieten, war bereits weitgehend aufgegeben worden, da sich eine Burg des 13. Jahrhunderts vor allem bei ritterlich ausgetragenen Adelsfehden behaupten musste, um dem jeweiligen Geschlecht die Herrschaft als solche zu sichern. Hugo IV. von

Taufers zeigte sich eine solche Notwendigkeit sehr bald, nachdem seine Mutter Mechthild im Jahre 1220 mit Zustimmung ihrer Rodanker Kinder dem Kloster Neustift den Maierhof am Berge Ahornach (*curiam villicalem sitam in monte Aharnach*) geschenkt hatte. Eine Fehde zwischen ihm und seinen Rodanker Halbgeschwistern sollte erst nach Jahrzehnten wieder beendet werden können.

Eine von der dörflichen Siedlung abgehobene Lage und eine feste Bauweise mit einem hoch aufragenden Bergfried trug die Macht des Burgherrn von Taufers wirkungsvoll nach außen. Ein einst etwa 26 Meter (mit Dach etwa 35 Meter) hoher, auf einem Felsen errichteter Turm (*Bergfried*) – dreizehn Meter über der untersten Ebene der Burg – verlieh dem Dynastensitz einen alles beherrschenden Charakter. Eine an das Gelände angepasste Ringmauer mit einem umlaufenden Wehrgang umschloss das Areal. Gegen den nördlichen Berghang hin, wo die Natur die Burgstelle mit ihren Wohn- und Wirtschaftsgebäuden nur geringfügig schützen konnte, musste die Burg durch ein verstärktes Mauerwerk zusätzlich gesichert werden. So sollte sich die Anlage einerseits als Wehrbau, andererseits als bequemer Sitz zur Verwaltung von Recht und Sicherheit eignen.

### *Palas (Kasten)*

Zur ersten Bauphase muss ein an geschützter Stelle errichteter und freistehender Palas (Wohnbau) im Westen der Burganlage gerechnet werden, der sich an den Schmalseiten durch eine Bautechnik mit schräg gestellten und plattigen Steinlagen (*opus spicatum*) auszeichnet. Ver-

Die Bauuntersuchung der Palasfassade zeigt die romanischen (grün) und gotischen (rosa) Bauphasen.

Wehrgang und Gebälk im Dachgeschoss des einstigen Palas und späteren Getreidespeichers (Kasten). Zwei darunter liegende Säle bieten heute Raum für kulturelle Veranstaltungen.

mauerte Bogenfenster berichten von der repräsentativen Aufgabe des einst zinnenbekrönten Baues, der ursprünglich nur ein Wohngeschoss gehabt haben soll, dabei allerdings einen wohl annähernd sechs Meter hohen Saal aufzuweisen hatte.
Zur Mitte des 16. Jahrhunderts wurde das Haus mehrstöckig umgebaut: Im Erdgeschoss mit schweren, gotischen Gewölben bestückt, in den Stockwerken darüber (mit Ausnahme des Dachgeschosses) je ein großer Saal, der von drei massiven, achtkantigen Mittelsäulen und flachen Jochbögen unterbrochen wird.

Gotischer Keller im „Kasten".

Innenhof mit Schmiede und „Breitem Turm".

Noch heute prägen gotische Kreuzstockfenster in Stein den ehemaligen Palas, der späterhin als Kornspeicher Verwendung fand. So ist der stattliche Bau seit 1653 als *Kasten* bekannt; seit 1992 wird er für kulturelle Veranstaltungen genutzt.

## *Wohnturm (Breiter Turm)*

Der massige Gesamteindruck der Dynastenburg wurde noch in der ersten Bauphase (um 1224/30?) durch den Zubau eines an den Bergfried anschließenden *Praiten Thurns* unterstützt. Biforien unterbrechen die Strenge seiner Mauern. An der talseitigen Außenfassade ist über dem mittelalterlichen Eingang zur Burg die auskragende, halbkreisförmige Apsis der Kapelle sichtbar.

## *Verlies*

Im Erdgeschoss des Breiten Turmes befindet sich neben verschiedenen Kellerräumen ein als V*erlies* bekannter Raum, in dem ein Felsen großflächig zu Tage tritt. Unerschütterlich wie dieser sollte die Gerechtigkeit der Rechtsprechung sein. Über dem Fels (lat. *petra*) wurde die den heiligen Apostelfürsten Petrus und Paulus geweihte Kapelle errichtet.

Verlies mit offenem Felsboden.

Romanisches Kruzifix, 1. Hälfte 13. Jahrhundert. ▷

Beide Patrone hatten Gefängnis und Martyrium erlitten und durch persönliche Umkehr in Christus einen Fels gefunden, der Sünde und Tod besiegte.

## *Kapelle*

Die Kapelle mit dem auf dem Steinaltar aufgerichteten Kruzifix kann als besonderes Glaubenszeugnis der Burgherren angesehen werden, die Wahl des St.-Peter-Patroziniums (29. Juni) mag aber ebenso die papsttreue Haltung des Bischofs Heinrich von Taufers (1224–1240) in der Auseinandersetzung hinsichtlich der Zwei-Schwerter-Theorie zum Ausdruck bringen.

Burgkapelle, hl. Petrus Ap. im Gefängnis, 15. Jahrhundert.

## Die Zwei-Schwerter-Theorie des Hochmittelalters

Im Matthäusevangelium (Mt 22, 21–22) bestätigt Christus die Trennung von weltlicher und geistlicher Macht. Trotzdem glaubten manche Theologen des Mittelalters, im Lukasevangelium (Lk 22,38) lesen zu können, dass Christus selbst die „Schwerter der geistlichen und weltlichen Gerechtigkeit" verteilt habe („At illi dixerunt Domine ecce gladii duo hic at ille dixit eis satis est" – „Da riefen sie: ‚Herr, siehe, hier sind zwei Schwerter.' Er aber sagte zu ihnen: ‚Es ist genug.'").
Der daraus abgeleitete Anspruch des Papstes auf die Vormachtstellung in einem wohl kaiserlichen, aber eben sakralen Universalreich stellte den göttlichen Auftrag an den Kaiser in Frage und prägte die politische Auseinandersetzung des Hochmittelalters.

Burgkapelle, Christus als Weltenrichter, 2. Hälfte 15. Jahrhundert. ▷

Burgkapelle zu den hll. Petrus und Paulus.

Burgkapelle, Enthauptung des Paulus, Martyrium des hl. Erasmus, hl. Sigmund, 1482.

Burgkapelle Taufers, Deesis mit dem Weltenrichter ▷
in der Tradition des 11. Jahrhunderts (Pacher-Schule, 1482).

Burgkapelle, „Christus am Ölberg", Der Engel mit dem Leidenskelch (1482).

Marienbild mit hl. Johannes d. T. und hl. Katharina (17. Jahrhundert) und Kelch (16. Jahrhundert) aus der Hinterlassenschaft von Monsignore Joseph Prader (1915–2006).

In der Gotik erhielt die Kapelle den Estrichboden (*Pastellone*) und eine flache, hölzerne Leistendecke, die die Ostausrichtung des Oratoriums betont. Die Freskenausstattung des Jahres 1482, die der Pacher-Schule zugeschrieben wird, greift auf ein älteres und in Tirol weiter nicht belegtes Bildprogramm zurück: In der Apsis die *Deesis*, eine aus der byzantinischen Tradition stammende Darstellung der von der Gottesmutter Maria und dem heiligen Johannes dem Täufer vorgetragenen, demütigen Fürbitte bei Christus als dem Weltenrichter. Es thront der Gerechte in einer, in den Farben des Regenbogens gehaltenen Mandorla. Seine Linke, die das Erdenrund mit dem Zeichen des Kreuzes trägt, weist ihn als Allherrscher, als Pantokrator, aus. Im Mund hält Christus das Schwert als Symbol der Herrschaftsgewalt, die gerecht und barmherzig ist. Wie das zweischneidige Schwert wirkt sein ausgestreckter Arm gleich trennend wie vergebend.

Im Feld darunter die Kirchenpatrone, die heiligen Apostel Petrus (im Kerker, Kreuzigung und im Himmel) und Paulus (Enthauptung und im Himmel), der heilige Apostel Andreas, der Erstberufene und Bruder des Petrus, und die beiden Glaubensmärtyrer Erasmus und König

## Sage von der Belagerung der Burg Taufers

Als einst ein fremder Ritter das Schloss Taufers belagerte und nicht erobern konnte, so schwor er, die Besatzung der Burg durch Hunger zur Übergabe zu zwingen. Die Mannschaft zu Taufers hatte wirklich am Ende nichts mehr als eine einzige Kuh, die als letzter Vorrat nun aufgezehrt werden sollte und musste. Nun war guter Rat teuer. Viele reute die Kuh, weil sie noch Milch gab; die nach Fleisch Hungrigen aber wollten die Kuh geschlachtet haben, um sich wieder sättigen zu können. Da trat der Ritter der Feste Taufers dazwischen, und selbst hungrig wie die anderen, befahl er, die Kuh zu töten, hielt die letzte Mahlzeit und warf zugleich die Eingeweide der Kuh auf die Belagerer hinab. Diese waren nicht wenig überrascht und meinten, da müsse noch viel Vorrat vorhanden sein, wenn man droben noch Vieh schlachte. Sie hoben die Belagerung auf und zogen ab.

## Die Sage vom Untergang von St. Walburg

Der reiche Ritter von Uttenheim war auf die Macht des Ritters zu St. Walburg eifersüchtig. Vergeblich versuchte er, den Walburger zu demütigen, weshalb er ihn schließlich zum Kampf herausforderte. Der St. Walburger, der fürchtete, im Streit getötet zu werden, trug seiner Hausfrau auf, wenn er fiele und seine Leute fliehen würden, das Schloss anzuzünden. Da sie tat, was er verlangt hatte, sank das Schloss in Asche.

Sigmund von Burgund. Letzterer wurde wohl zur Ehre des Erzherzogs Sigmund von Österreich als Stifter und regierender Landesfürst dargestellt. Aus einem ähnlichen Grund ziert auch die Fahne der Erzherzöge von Österreich eine Posaune eines Engels in der Apsiswölbung.
An der Apsiswand, schließlich, ist Christus am Ölberg zu sehen, der Blut schwitzt und betet, während seine Jünger schlafen. Ein Engel übergibt den Kelch des Leidens. Die von Andrea Mantegna (1455) beeinflusste Darstellung soll den Betrachter „jetzt und in der Stunde des Todes" zum Bittgebet ermuntern.

### *Rittersaal*

Ein großzügig angelegter Rittersaal, der ursprünglich von Westen betreten wurde, wird von zarten Bogenfenstern (*Bi- und Triforien*) mit Säulen und Blattkapitellen aus Granit (teilweise erneuert) belichtet.
Im zweiten Wohngeschoss, das über den Bergfried erreicht wird, wiederholt sich die einfache Raumeinteilung mit vier Sälen (heute Ausstellungsräume mit alten Darstellungen der Burg und der „Pflegerstube"), wobei sich im ersten Raum noch eine originale Heizstelle mit halbrundem Kaminmantel und romanische Trifo-

rien erhalten haben. Das letzte Geschoss des Wohnturms bildet eine mit einem Zinnenkranz abschließende Wehrplatte, die spätestens seit dem 16. Jahrhundert überdacht ist (eine der zwei Glöckchen im hier auskragenden Glockenstuhl trägt die Jahreszahl 1604).

### *Zisterne*

Zwischen Palas und Wohnturm befindet sich eine 2015 wieder entdeckte, gut 3,5 m tiefe Zisterne im Ausmaß von etwa 3 × 4 Metern, die von einer unterirdischen Quelle gespeist wird.

### *Südtrakt*

Ein einstmals zinnenbekröntes, drittes Gebäude des 13. Jahrhunderts dürfte sich im Süden der Burganlage befunden haben. Von hier aus konnten die Tauferer Burgmannen die Straße nach Ahrn kontrollieren, die noch bis 1819 durch ein Tor der Sperrmauer am Südosthang des Burgberges verlief. Weitere hölzerne Bauten, die sich an die Ringmauer lehnten, sind wahrscheinlich.

## Erstnennung der Burg Taufers 1225 – Die Herren von Taufers und ihre Politik

Am 23. August 1225 kommt es zur Erstnennung der Burg Taufers: Hugo IV. von Taufers († vor 1248) übertrug dabei seinem Vetter, Bischof Heinrich IV. von Brixen, in einem rechtshistorisch bedeutsamen Akt seine Burgen Taufers und Uttenheim. Auf den ersten Blick machte der Vertrag aus den Edelfreien von Taufers Vasallen des Hochstifts Brixen, doch blieben deren gesellschaftlicher Rang und deren Herrschaft in Taufers, auch im Hinblick auf die gräfliche Rechtsgewalt (hohe Gerichtsbarkeit), unberührt. Im Gegenzug erhielt Hugo seinen Besitz sogleich als Lehen wieder zurück, die zudem um Einkünfte im Wert von 38 Mark vermehrt wurden.
Die folgenden Jahrzehnte waren von kriegerischen Konflikten geprägt. Die Beilegung der Fehde mit den Herren von Rodank hätte im Jahre 1248 beinahe zur Schleifung der Burg Neuhaus geführt, wären die Tauferer nicht erneut ein Schutzbündnis mit dem Hochstift Brixen eingegangen. An dieses fühlten sich die Tauferer noch später gebunden, sodass sie 1264 im Streit mit den Ministerialen von Aichach die bischöfliche Partei ergriffen.
Als Erben der Grafen von Eppan stifteten die Tauferer das vom Deutschen Ritterorden geführte Sterzinger Spital. Sie unterhielten wirtschaftliche Beziehungen zum Kloster Neustift und suchten die Nähe zum Böhmenkönig Ottokar II. Als dieser sich gegen Rudolf von Habsburg stellte, unterstützte Ulrich II. von Taufers den deutschen König und zog am 26. August 1278 auf dem Marchfeld an der Seite Rudolfs von Habsburg in die Schlacht. Der siegreiche Ausgang war auch Ulrich zu verdanken, so schreibt ein Zeitge-

„Breiter Turm“ mit romanischem Hocheingang und Doppelbogenfenstern. Biforien mit rundem Schaft, attischer Basis und mit als zarte Kelchkapitellchen geformten Würfelkapitellen.

Seite 26/27: Burg Taufers am Eingang ins Ahrntal.

Der südliche Wohntrakt geht in seinem Kern auf das 13. Jahrhundert zurück.

nosse, dass der *„Graff von Taufers"* mit *„Chunig Rudolffen"* geritten sei und dabei *„in vier Tail tailt den Hauffen"*. Diese militärisch-strategische Entscheidung brachte Ulrich von Taufers Ruhm und Ansehen ein. Ein bis 1289 bestehender Rückhalt bei den Habsburgern erlaubte es Ulrich II. von Taufers († 1293) auch, einem offenen Konflikt mit den Grafen von Tirol, die im Zuge ihrer Territorialpolitik den umliegenden Adel vielfach in die Knie zwangen, auszuweichen. 1291 allerdings, ergriff Ulrich – wie selbst Graf Albert von Görz-Tirol – die Gelegenheit, im Landsberger Bund einen Adelsaufstand gegen Herzog Albrecht von Österreich und Graf Meinhard von Tirol zu unterstützen. Er schloss sich dabei unter der Führung des Erzbischofs von Salzburg den Spitzen des Steirer und Kärntner Adels an. Mit unglaublicher Zähigkeit gelang es dem Tiroler, seine Stellung auszubauen, sodass Ulrich II. von Taufers 1293, kurz vor seinem eigenen Tod, eine herbe Niederlage eingestehen musste.

## Das Ende der Tauferer Dynasten

Nach Ulrichs II. Tod wurde das Erbe im Jahre 1306 zwischen Hugo VI. und dessen Neffen, Ulrich IV. von Taufers, aufgeteilt. Als auch Hugo VI. 1309 starb, fiel dessen Anteil an seine einzige Tochter Agnes, die auf Bitten der Mutter und Großmutter sowie auf Vermittlung des Landesfürsten, Heinrich Graf von Tirol und König von Böhmen, mit dem Grafen Konrad von Kirchberg verheiratet

Hugo VI. von Taufers führte ein Reitersiegel (TLMF, Urk. 24, 1296 XI 25, Neuhaus).

wurde. Zu Hugos Besitz zählten die Burg Taufers und die halben Burgen Uttenheim und Eppan, ebenso das ziemlich geschlossene Herrschaftsgebiet aus altem Tauferer Urbarbesitz, vor allem in Ahrn von Luttach und Weißenbach bis Prettau, in Mühlwald, Mühlen, Kematen, Sand in Taufers, Ahornach und Rein.

Da die Interessen des Kirchbergers weitab von Taufers lagen, konnte Heinrich von Böhmen all den Besitz um 3000 Mark erwerben. Die vom Jahre 1225 herrührenden Rechte des Bischofs von Brixen fielen dabei nicht ins Gewicht. Ebenso fanden die Einwände des Neffen Ulrich IV. von Taufers und in Folge auch seiner Tante Elsbeth von Schönberg († 1326) kaum Gehör. Damit war im Jahre 1315 das höchstangesehene Dynastengeschlecht der Edelfreien von Taufers weitgehend ausgeschaltet und das *landesfürstliche Amt Taufers* entstanden.

Ulrich IV. von Taufers, der noch bis 1336 lebte, fand sich allmählich mit der Situation ab und diente seinem

Landesfürsten und König. Der ihm verbliebene, unabhängige Anteil mit den Burgen Neuhaus und Uttenheim, dem Besitz in Gais, größerem Streubesitz im Pustertal sowie seinen Eppaner Ansprüchen fiel nach seinem Tod gemäß einer Vereinbarung des Jahres 1310 an seine Gemahlin, Gräfin Katharina von Görz-Tirol, und in Folge an die albertinische Linie der Grafen von Görz.

An die Spitze des Amtes Taufers setzte König Heinrich landesfürstliche Dienstleute aus dem Ritterstand, die mit dem Amt des Pflegers und Burggrafen bestallt wurden: Von 1309/15 bis 1363 waren dies Hermann Bing, Konrad und an Stelle Peters von Arberg dessen Onkel, Tegen von Villanders. Während ihrer Verwaltung wurden unter anderem Arbeiten am Burgweg, am Stall- und Stadelgebäude (Pferdestall wird heute als Burgladen genutzt, der darüber liegende Gerichtssaal entstand wohl erst im 16. Jahrhundert) und an der neuen Umfassungsmauer durchgeführt. Es handelt sich bei diesen Maßnahmen um Ausbauten entlang der Ringmauer, wobei ebenso von Kammern und Fußbodenbrettern berichtet wird wie vom Bau eines Pfisters oder Backhauses (*domus pistrina*).

## Taufers gelangt mit Tirol an das Haus Österreich

Am 13. Jänner 1363 verstarb Graf Meinhard III. von Tirol-Oberbayern, einziger Sohn der Herzogin Margarethe. Herzog Rudolph IV. von Österreich nutzte die Gunst der Stunde und eilte sofort über die Pässe nach Bozen, um am 26. Jänner 1363 mit der Grafschaft Tirol auch die Herrschaft Taufers an das Haus Österreich zu binden. Sicherlich hatte er dabei die Unterstützung Tegens von Villanders beziehungsweise Peters von Arberg genossen, weshalb der bisherige landesfürstliche Pfleger

### Landesfürstliche Pfleger auf Taufers (1429–1504)

| | |
|---|---|
| 1429 | Tegen Fuchs v. Fuchsberg |
| 1433–1435 | Hans Schrel |
| 1438 | Caspar v. Rasen |
| 1440 | Michael v. Wolkenstein |
| 1442 | Christoph v. Welsperg |
| 1447–1448 | Leonhard v. Velseck |
| 1451 | Heinrich v. Lichtenstein |
| vor 1456–1460 | Cyprian v. Leonburg |
| 1462 | Leonhard v. Velseck |
| 1470, 1486 | Wolfgang v. Windegg |
| 1487 | Wolfhard Fuchs v. Fuchsberg |
| 1492, 1502 | Christoph v. Welsperg |

Burg und Gericht Taufers zu Lehen erhielt. Als dieser bei der Schlacht bei Sempach 1386 fiel, wurde Taufers dem in Niederösterreich lebenden Rudolf von Lassberg verpfändet, der die Herrschaft durch Bartholomäus von Gufidaun verwalten ließ. 1407 gelangte das Amt Taufers an die Burggrafen Augustin und Erasmus von Lienz und 1429 erneut unter direkte landesfürstliche Verwaltung.
Der Brixner Bischof beanspruchte 1438 erneut die Lehensherrschaft über Taufers, doch wurden Burg und Gericht 1456 um 15.000 Gulden und 1.200 Dukaten lediglich an das Hochstift verpfändet. Als Kardinal Nikolaus von Kues 1460 *„seinen Irrtum erkannte, weil Bischöfe zwar Überkommenes zu bewahren hätten, aber keinen Überfluss anhäufen und keine Schätze sammeln sollten"*, leistete dieser auf seine Ansprüche Verzicht. Aus seiner kurzen Regierungszeit sind einige Aufwendungen bekannt, die sich vor allem auf den Bau der (inneren) Zugbrücke beziehen.
Obwohl das Pfandrecht am Lehen Taufers nach dem Tod des Kardinals 1464 an dessen Nachfolger Bischof Georg Golser (1464–1488) und Bischof Melchior von Meckau (1488–1509) überging und die Brixner Oberhirten den im Jahre 1225 begründeten Anspruch auf Taufers aufrecht erhielten, fiel die Burg de facto an den Landesfürsten zurück.
Am 26. Mai 1489 verzichtete das Hochstift gegen die Verpfändung des Zolls am Kuntersweg gänzlich auf die Herrschaft Taufers, auch wenn die Herrschaft dem Bischof zwischen 1497 und 1502 erneut zufiel.

## *Ausbau der Wehranlagen*

Erzherzog Sigmund der Münzreiche (1446–1490), ein volksnaher, guter Verwalter und leidenschaftlicher Jäger, förderte neben dem Bergbau, der 76 Prozent der landesfürstlichen Einnahmen abdeckte, insbesondere das Geschützwesen und tat sich ferner als Bauherr hervor. Seine Regentschaft als Landesfürst hinterließ folglich auch in Taufers Spuren, die – abgesehen von der künstlerischen Ausstattung der Burgkapelle – im weiteren Ausbau der Wehranlagen (1482–1486) sichtbar werden.
Die Notwendigkeit der Baumaßnahme erklärt sich einerseits aus dem Einfall der Türken in Kärnten und Krain, andererseits aus der allgemeinen Entwicklung der Feuerwaffen. Hatten einst noch hoch fliegende, womöglich brennende Pfeile, mit Katapulten geschleuderte Geschosse oder ein *Mann gegen Mann* ausgetragener Schwertkampf schwer zugängliche, kompakte und relativ kleine Burganlagen begünstigt, so verlangten die neuen Waffen mit annähernd waagrechtem Flachschuss ausladende Geschützrampen und der Burg vorgelagerte Flächen. Soweit möglich entstanden bei mittelalterlichen Burgen Wälle, Beringe, Basteitürme oder Rondelle,

Bastei und Torturm mit ehemaliger Zugbrücke und separatem Mannsloch. Durch das schräg in die Mauer versetzte Tor entsteht ein vorgetäuschter toter Winkel, der durch ein darüber liegendes Gussloch geschützt wird. Ein polygonal abschließender Rundturm, ein Wehrgang und der Bergfried kontrollieren die Toranlage, 1485. ▷

wobei vor allem Letztere mitunter nach innen offen blieben, um den Explosionsrauch abziehen zu lassen und dem vordringenden Angreifer keinen unnötigen Schutz zu bieten.

Oben links und Seite 33 oben links: 69, häufig auch unterschiedliche Hantel- und Schlüsselschießscharten der 2. Hälfte des 15. Jahrhunderts prägen das wehrhafte Bild der Burg Taufers.

Unten: Burg Taufers mit dem Vorwerk des 15. Jahrhunderts (Rekonstruktionsversuch). Der innere, vor das Amtshaus gestellte Torturm mit eigener Zugbrücke stand ursprünglich über einen hölzernen Wehrgang mit dem Rundturm mit polygonalen Abschluss in Verbindung. Wenige Jahrzehnte später entstanden unter Erzherzog Sigmund eine Bastei, eine weitere Ringmauer, ein ehemals gewölbter Wehrgang und ein seitlich aufgestockter Torturm mit komplexer Zugbrückenkonstruktion („Ist erbauet 1485").

In Taufers wurde eine neue Toranlage mit einer bemerkenswerten Zugbrücke als ausreichend angesehen. Dazu gehört ein Wehrgang, der vorbei an der älteren Zugbrücke zur „Folterkammer“ führt.

## Verwaltung und Gerichtsbarkeit

### *Folterkammer und Verliese*

Der schaurige Ort weist neben einer erhaltenen Beinspange eine in den Boden gehauene „Blutrinne“ (?) auf. Die hier verbliebenen Relikte der in Tirol verhältnismäßig früh (1774) abgeschafften Folter veranschaulichen eine bis dahin bestehende Wirklichkeit. Das Gericht Taufers war schon zur Zeit der Edelfreien von Taufers mit der hohen Gerichtsbarkeit ausgestattet, das heißt, dass es dem Ältesten der Familie zukam, selbst über

Beinspange in der sog. Folterkammer zur „peinlichen Befragung“ der Delinquenten. Taufers war mit der hohen Gerichtsbarkeit ausgestattet.

Blut und Adel zu richten. Nach dem Aussterben der Dynasten gelangten diese Rechte an den Tiroler Landesfürsten und seine Lehensträger. Erst 1810–1817 und wieder ab 1829 wurde das 1475 als Land- und ab 1849 als Bezirksgericht bezeichnete Amt Taufers vom Staat übernommen, der es mit eigenen Richtern besetzte und 1923 der Prätur Bruneck einverleibte. Wahrscheinlich fanden die Zellen bis ins 19. Jahrhundert Verwendung, obwohl der letzte Richter, der auf Taufers zu Gericht saß, Johann Baptist Zeiller (1649–1721) gewesen sein soll, der den Sitz in das Haus seiner Familie verlegte, das 1699 mit dem Namen *Zeillheim* zum Ansitz erhoben wurde. Die Zeiller besaßen ab 1708 auch den 1582 von den Fieger errichteten Ansitz Neumelans.

In einem weiteren (derzeit nicht öffentlich) über den Wehrgang zugänglichen Bereich befindet sich ein Gefängnis, das als *Winter- oder Offiziersverlies* bezeichnet wird. Auch hier reicht der Fels in den Raum; eine schwere Türe mit einer Essensluke und ein Eisenring in der Mauer verraten den ehemaligen Zweck der Kammer.

### *Amtshaus – Schreibstube und „Geisterzimmer"*

In die 80er Jahre des 15. Jahrhunderts gehört auch das daran anschließende, zweistöckige Amts-

Ehemalige Amtsstube mit ausnehmend schöner Zirbelholztäfelung und Mobiliar des 17.–19. Jahrhunderts.

Murano-Luster, 19. Jahrhundert.

haus, das sich über dem inneren, abgewinkelten Burgweg erhebt. In diesem spätgotischen Gebäude, das einst an der talwärts ausgerichteten Fassade mit einem Zinnengiebel abschloss, waren Stube und *Kammer des landesfürstlichen Amtmanns* untergebracht.

Das im Stockwerk darüber befindliche *Geisterzimmer* wurde erst um 1700 mit einem reichen Getäfel ausgestattet. Ein seltsamer Ruf haftet

Tischplatte mit Löwen und Adlermuster, 1620.

diesem Raum an: Das Heulen der unglücklichen Margarethe von Taufers soll hier des Nächtens zu hören sein. Die schöne Aussicht aus der Kammer hat die Sage wohl hierher gebracht, als die Gemächer des Breiten Turms bereits verfallen waren. Doch, wer weiß, welch' unruhiger Geist sonst Grund zum Winseln hat?

◁ Schlafkammer im Amtshaus, später „Kaplanszimmer", mit grün-weiß glaciertem Empire-Kachelofen (Sfruz, um 1810) in einer historischen Aufnahme.

### *Wirtschaftsgebäude*

Am Übergang zum 16. Jahrhundert mussten die meisten Wirtschaftsgebäude in einen guten Zustand gebracht werden, so werden ein neuer Mehlkasten, ein neuer Kuhstall, eine Schmiede, um 1555 auch die Herstellung eines Pfisters und Backofens sowie eines Speisgadens und um 1570 eine neue Kastentreppe erwähnt. Die *Schmiede* und das Brunnenhaus sind wohl mit der kleinen offenen Halle im Innenhof gleichbedeutend, nahe der Zisterne dürfte sich ferner eine 1603 genannte Badestube mit *Ausziehraum* befunden haben. Der gut isolierte Raum mit Luftkammern

## Sage von der unglücklichen Margarethe von Taufers*

Als der Vater auf Kreuzzug war, blieb Margarethe von Taufers allein im Schloss zurück. Sie verliebte sich in den Burghauptmann niederer Abstammung und beschloss, diesen zu heiraten. Obwohl ihr Plan bei ihrem Vormund und Onkel, dem Fürstbischof von Brixen, keinen Gefallen fand, setzte sie die Hochzeit durch. Unmittelbar vor der Trauung sank der auserwählte Bräutigam von einem Pfeil getroffen in den Tod. Sogleich stürzte Margarethe in ihre Gemächer und schloss sich ein. Tagelang starrte sie in die Wälder, zu den beschneiten Bergspitzen und in das Grün des weiten Tales, um ihren Geliebten zu erblicken. Dabei fiel sie in eine sanfte Agnosie. Noch heute kehrt ihr Geist in jene Kammer, die das Tal überwacht, zurück und wandert ruhelos durch das Schloss, das ihr Bräutigam vor dem Einfall der Feinde zu bewahren hatte. Und in der alten Kapelle, in der der grausame Tod eintrat, rastet der Geist, um zu beten.

*Margarethe ist urkundlich nicht greifbar.

„Geisterzimmer" mit barockem Getäfel, Erker und Himmelbett.

„Geisterzimmer", ein weiß-blauer Kachelofen (Sfruz, 1755) fügt sich harmonisch ein.

Seite 40/41:
Burg Taufers von Osten.

zwischen den Mauern wird heute allerdings als *Eiskeller* bezeichnet, weil hier aus zugefrorenen Gewässern gesägte Eisblöcke gelagert wurden. Sie wurden bis in das 20. Jahrhundert benötigt, um Lebensmittel auch während der warmen Jahreszeiten vor dem Verderben zu schützen. Im Nebenraum konnte Stroh zum Abdecken des Eises aufbewahrt werden, um damit das Schmelzen zu verzögern. Gegen die Ringmauer mit dem langen hölzernen Wehrgang lehnt sich auch das im 20. Jahrhundert weitgehend wiedererrichtete *Jagd- und Forstamtsgebäude*.
Am 25. Oktober 1504 wurden Burg und Gericht Taufers um 27.400 Gulden an die finanzkräftigen, 1489 geadelten Brüder Hans d. J. (†1518), Christoph (†1536) und Sigmund (†1543) von Fieger verpfändet, wobei der Besitz 1509 beziehungsweise 1511 allein auf Hans Fieger von Taufers entfiel.

### *Ostflügel mit Bibliothek und Gerichtssaal*

Anschließend zum Burgtor gegen den Innenhof wurde auf den hochmittelalterlichen Mauern des ehemaligen Pferdestalles („Shop“) zwischen 1504 uns 1509 ein großzügiger Bau mit einem dreiseitigen,

Mit Zirbelholz getäfelter »Gerichtssaal«.

## Anklage gegen Wiedertäufer in Taufers

Als im Jänner 1534 Angehörige der Sekte der Wiedertäufer und ihre religiösen Anführer um Jakob Huter von der Obrigkeit verfolgt wurden, kam es im Auftrag der Regierung in Innsbruck auch in Taufers zu Verhaftungen. Unter den Verdächtigen befand sich die Familie des Anton von Wolkenstein zu Neuhaus, deren Besitzungen beschlagnahmt und dem ältesten Sohn Hans († 1569) zur Verwaltung übergeben wurden. Ein Untermarschall brachte Anton von Wolkenstein und dessen Sohn Paul nach Innsbruck, seine Frau Elisabeth und deren Köchin hingegen nach Taufers, wo Friedrich Fieger sie festhalten musste. Hans Egl, sein Richter in Taufers, sollte Elisabeth von Wolkenstein „mit ernst in der guette“, die Köchin aber zuerst „in der guete“, dann „peinlich“ (Folter) befragen.
Im Februar wurde die Köchin, die ihre Unschuld beteuerte, freigelassen, doch die „beiden Eeleut mit großem Irrsall im Glauben befunden“. Elisabeth, die geständig war, blieb ihrer Überzeugung treu, obwohl sie in Taufers von Hans und ihrem Schwiegersohn, Michael von Teutenhofen, zum Widerruf gedrängt wurde. Nach etwas Bedenkzeit „widerrief“ sie erst am 8. Mai 1534, indem sie die wichtigsten Forderungen „annahm“. Elisabeth wurde begnadigt, doch schon am 11. Mai wurde auch ihr minderjähriger Sohn Sigmund verhaftet und zu den Vettern auf die Trostburg gebracht, von wo er allerdings fliehen konnte. Erst nach erneuter, fünfeinhalbmonatiger Haft in Brixen gestand selbst Sigmund von Wolkenstein seinen „Irrglauben“ ein. Da er nicht öffentlich widerrief, zog er in den Krieg. Von diesem kehrte er nicht mehr heim. Der Prozess gegen Paul von Wolkenstein brachte keinen belastenden Beweis.

gotischen Erker errichtet. Er zeigt das 1996 freigelegte Wappen der Margarethe von Spaur, Gemahlin Sigmunds Fieger von Kronburg. Der Wappenschild sichert die Datierung des Umbaues. Der Erker gehört zum Bibliothekssaal im obersten Geschoss, der zu Beginn des 20. Jahrhunderts mit barocken Paramentenschränken der Tauferer Pfarrkirchensakristei eingerichtet wurde. Das Mobiliar aus dem späten 17. Jahrhundert bietet einer umfangreichen Sammlung von Büchern Platz, darunter auch frühe Modezeitschriften aus dem 19. Jahrhundert. Rundbogige Fensteröffnungen (vgl. *Kasten*) im Osten gehören noch zum einst umlaufenden Wehrgang der romanischen Ringmauer. Eine aufwendig gestaltete Kassettende-

Seite 44/45:
Bibliothek mit Reiterkachelofen (17. Jahrhundert) und Kassettendecke mit der Darstellung biblischer Propheten.

Ofenkachel, 17. Jahrhundert.

cke zeigt in Graumalerei biblische Propheten, durch die Gott als Retter und Helfer in der Not gepriesen wird. Der eigentliche Blickfang des Saales ist ein bunter Reiterkachelofen des 17. Jahrhunderts.
Im unteren Stockwerk schenken zwei rechteckige, großzügige Erker (1535) dem strengen *Gerichtssaal* zusätzliche Weite und eine würdige Verspieltheit. Die markante Mittelsäule jedoch, soll den vermeintlichen Übeltätern ein Pranger gewesen sein. Bevor die Verhandlungen im Gerichtssaal geführt wurden, hatten diese in St. Moritzen unter freiem Himmel auf einem Thingplatz stattgefunden.

*Südlicher Wohntrakt*

Einzig durch eine in Öl gemalte Ansicht der Hoffassade ist ein bereits abgegangenes Fresko eines Allianzwappens von Hans Fieger und Magdalena von Pienzenau überliefert. Es befand sich am romanischen Südpalas (vgl. Biforien) und deutet darauf hin, dass die Erweiterung desselben zu einem größeren Wohntrakt unter den Herren von Fieger, aber noch vor 1518, erfolgte. Heute werden seine getäfelten Räume im ersten Geschoss vom Südtiroler Burgeninstitut zu Wohn- und Repräsentationszwecken genutzt.
Seit dem ersten Ausbau der Fieger hat sich das Erscheinungsbild der Burg Taufers, das im nächsten halben Jahrtausend lediglich von Verfall, Wiederaufbau und Restaurierung geprägt wurde, nicht mehr wesentlich verändert.

## Die „Adelsschule“ der Beatrix von Fieger

Das Erbe des Hans Fieger verwaltete nach ihm sein Sohn Friedrich († 1540), der 1522 Beatrix Weiler heiratete und 1524 seinen Wohnsitz nach Taufers verlegte. Aus seiner Besitzära sind zwei Wappenscheiben der Kapelle bekannt, die sich heute im Tiroler Landesmuseum Ferdinandeum befinden.
Friedrichs Sohn, Hans Fieger (1526–1558), veranlasste kleinere Baumaßnahmen, starb allerdings im Alter von nur 32 Jahren und hinterließ dabei vier unmündige Kinder. Beatrix

Votivbild, 1659: Die Burg Taufers mit dem abgetreppten Giebel des Amtshauses und der bis zur Straße verlaufenden Sperrmauer.

Seite 48/49: Porträts der Beatrix Fieger, geb. Weiler, eines Lehrers und mancher Schülerinnen und Schüler auf Burg Taufers (1558–1564). Die Schulstube befand sich 1603 wohl im südwestlichen Wohntrakt, mit Blick zur Ahr und zum Burghof.

BEATRIX FIEGERIN · GEBORNE
VON WEILER · IHRES
ALTERS IM · 64 IAR ·
1·5·64

seines Alters Im 22 Jar

Hans Friderich Von
Seines Alters

Hanns Fieger · seines Alters
im · 12 · Jar

Johanna Fiegerin · Ires
Alters im · 8 · Jar

Christoff Joseph Fieger
seines Alters im · 7 · Jar

Karll Füg von Hüpperg
seines Alters · 12 · Jar

Ulrich Füg von Hüpperg
seines Alters · 15 Jar

Franciscus Gerhart seines
Alters im · 15 · Jar

Hans Hektor Kaltr.
Sein Alter. 8. Jar.

Hanns Jacob Graff zu Liechten
stain seines Alters im 13 Jar

Julia geborne Freyle zu
Madrütsch Ires Alters
im 17. Jar

seines Alters im 14 Jar

Sigismundus Freyherr zu
seines Alters
im 12 Jar

Alters im 12 Jar

Michael Freyherr zu Wolkhenstain
in seines Alters im 13 Jar

Sigismundus Freyherr zu
Wolckhenstain seines
Alters im 10 Jar

Vitus Freyherr zu Wolckhenstain
in seines Alters im 8 Jar

Weiler kümmerte sich daraufhin um deren Erziehung und richtete hierzu ein Erziehungsinstitut ein, das zwischen 1558 und 1567 belegt ist. Abgesehen von Anna und Johanna sowie Hans und Christoph Joseph Fieger waren unter den uns bekannten siebzehn Schülern und sechs Schülerinnen Sprösslinge der Tiroler Adelsfamilien Botsch, Tschötsch, Fuchs v. Fuchsberg, Gerhart, Käßler, Lichtenstein, Madrutsch, Rumbl, Völs, Weitmoser, Welsperg und Wolkenstein auf Taufers untergebracht. Außergewöhnliche Porträts der Fünf- bis Sechzehnjährigen sind im sog. *Krankenzimmer* des Rittersaals zu sehen. Der 22-jährige Präzeptor Johannes Schillen und ein zweiter Lehrer standen der „Direktorin" in der Erziehung in Religion, guten Sitten, Wissenschaft und Musik zur Seite.

## Hohe Spesen und geringe Einkünfte

Hans Fieger von Taufers, Kronburg und Neumelans (1555–1596), dem ein weiterer Ausbau der Burg untersagt worden war, erbaute 1582 den stattlichen Ansitz Neumelans in Sand in Taufers, wo dieser mit seinem Sohn Philipp Jakob und drei Töchtern lebte.

Burg Taufers mit dem von Hans Fieger 1582 erbauten Ansitz Neumelans. ▷

Sammlung von Waffen beinhaltet u. a. verschiedene Jagdgewehre, ein Katapult, Harnische, Lanzen, Säbel und Degen aus Österreich, dem Osmanischen Reich und Japan (ca. 1475 – ca. 1918).

Als sein Bruder, Christoph Friedrich von Fieger (1557–1602) kinderlos starb, wurde dessen Witwe Anna, geb. Freiin von Wolkenstein, Gerichtsherrin von Taufers. Deren Brüder Karl-Sigmund und Christoph von Wolkenstein-Rodenegg lösten am 3. Februar 1603 den Pfandschilling in der Höhe von 54.081 Gulden ab. Für den Glockenstuhl am Breiten Turm stifteten diese 1604 eine zweite, noch heute bestehende Glocke. Vielleicht darf die Täfelung der Amtsstube und des Gerichtssaals so wie der 1621 erfolgte Ausbau des Frühstückzimmers (oberhalb der Küche gelegen) und der Eingangshalle auf die Herrschaft der Wolkenstein bezogen werden, doch schon im Jahre 1629 wird über die hohen Erhaltungskosten und die fehlenden Einnahmen im Schloss geklagt. 1643 verfasste der Pflegsverwalter Georg Zeiller einen besorgten Bericht über den Zustand des *hohen Turmes*, dessen Mörtl *vom Wetter ganz ausgeschwenst* sei. Seine Befürchtung, dass *nit allein gegen Arn, sondern der völlig Thurn ganz einfallen* könnte, steht am Beginn einer Geschichte des Niederganges der Burg Taufers, der im 19. Jahrhundert verheerende Auswirkungen zeigen und erst im 20. Jahrhundert beendet werden wird.

Im Jahre 1647 wurde der gesamte Tauferer Besitz aufgrund der hohen Verschuldung der Grafen von Wolkenstein von der landesfürstlichen Kammer eingezogen. Noch im gleichen Jahr gingen Burg und Gericht an den Kammervizepräsidenten Johann Michael Schmaus und 1651 an Ludwig Perkhofer zu Moos, dem Bruder des Brixner Weihbischofs Jesse Perkhofer.

Aus dieser Zeit stammt die älteste, sehr detailfreudige Darstellung der Burg Taufers, die damals noch in weitgehend gutem Zustand erscheint. Auf dem Votivbild des Jahres 1659 dankt der bereits erwähnte Tauferer Pfleger und Landrichter Georg Zeiller der Gottesmutter für die Errettung seines zwei Monate alten Sohnes Johann Martin (1659–1733), der vom *Obern Saal,* der heutigen Rüstkammer, aus dem Fenster gefallen war und im Burggarten (*Khreithlagarten*) von der Kindsamme aufgefangen werden konnte (vgl. Abb. Seite 47).

1682 musste Ludwig Perkhofer, der bereits 1655 den Ansitz Neumelans veräußert hatte, Konkurs anmelden; die Herrschaft Taufers fiel damit erneut an die Kammer bis sie am 14. Juni 1686 um 70.000 Gulden an Hieronymus Bernhard Ferrari, Graf d'Occhieppo, († 1691) und seinen Enkel Johann Baptist beziehungsweise dessen Nachkommen verliehen wurde. Damals wurde sie noch als *wohnlich eingerichtet* bezeichnet.

## Verfall

Bereits vor der Verstaatlichung des Gerichts Taufers 1813 beziehungsweise 1829 (vgl. oben) wurde die Burg im 18. Jahrhundert stark vernachlässigt: Das Dach des Breiten Turms war bereits verschwunden, als der Bergfried mit Teilen der Ringmauer und des Forstgebäudes noch vor 1808 einstürzte.

Toranlage der Burg Taufers, um 1902, im Hintergrund die noch aufragende Ostwand des Bergfrieds.

Die im 13. Jahrhundert gestifteten Freitagsmessen scheinen noch bis 1853 in der Schlosskapelle gelesen worden zu sein, wurden aber dann wegen des unwürdigen Zustandes des Gotteshauses *vorübergehend* in die Pfarrkirche übertragen.
Das 1834 heimgesagte Lehen Burg Taufers wurde im Zuge der Allodifizierung (Umwandlung in Eigengut) mit ihrem Zugehör an Rechten, Wiesen, Höfen, Wäldern und Gewässern am 19. August 1869 von dem in Innsbruck wohnhaften Grafen Hermann Ferraris an eine Wiener Handelsfirma verkauft. Der Firmeninhaber, Robert von Schenk-Lédecz, unternahm ebenfalls keinerlei Anstalten, den fortschreitenden Verfall einzudämmen. Schon bald wiesen auch der nach innen offene Torturm, der polygonal abschließende Rundturm, das Halbrondell, der Wehrgang und weite Teile der bewohnten Gebäude schadhafte Dächer auf. Zumindest veräußerte Schenk am 17. März 1903 die Burg Taufers um 44.000 Kronen an den k.u.k. Oberleutnant Ludwig Lobmeyr (1869–1937), der sich als Retter der Burg erweisen sollte.

## Wiederaufbau

Bereits im Jahre 1902 konfrontierten führende Vertreter der Tauferer Bevölkerung den künftigen Besitzer mit Aussagen über den prekären Zustand der Burg, die von Erzherzog Eugen und vom Architekten Bodo Ebhardt, dem Gründer der Deutschen Burgenvereinigung, stammten. Sie sollten Lobmeyr im Interesse des Fremdenverkehrs dazu anregen, zumindest den erhaltenen Mauerbestand an der Ruine Taufers zu sichern. Tatsächlich ging der fanatische Burgenliebhaber eifrig und mit enormem Elan ans Werk. Obwohl seine Ideen zur Wiederherstellung der Burg maßgeblich vom Zeitgeist des Historismus geprägt waren, war Lobmeyr zu nüchtern, um alle Auswüchse der Burgenromantik mit zu tragen, zu ungestüm und wohl auch zu wenig Bürokrat, um alle seine Entscheidungen der

Zustand der Burg, als Ludwig Lobmeyr Taufers kaufte.

Historische Postkarte des von Ludwig Lobmeyr eingerichteten Gerichtssaals.

k. k. Zentralkommission in Wien zur Genehmigung vorzulegen. Dennoch fand seine Leistung mit „der lebhaften Befriedigung von den bisher vollkommen sachgemäß durchgeführten Restaurierungen" amtliche Anerkennung.

Als der Rittmeister im Oktober 1903 für die Rekonstruktion des Bergfrieds um einen Beitrag ansuchte, gab es von der k. k. Zentralkommission keine Bewilligung, weil Lobmeyr Privatmann sei und „ein neuer Turm den Gesamtcharakter des Schlosses vielleicht störend beeinflussen würde". Trotzdem wollte man den Rittmeister auffordern, „die größtmögliche Sicherung der erhaltenen Reste des Bergfrieds durchzuführen, so daß die Gefahr eines völligen Einsturzes wenigstens für absehbare Zeit beschworen würde". Da Stützmauern den Schutz des aufragenden Mauerwerks nicht mehr gewährleisten konnten und der Aufbau des Turmes vorläufig nicht mehr in Frage kam, ließ Lobmeyr die gefährdeten Teile abtragen und lediglich die Bresche in der Ringmauer schließen (Otto Piper, 1908).

Lobmeyr glaubte, bewegliches Kulturgut vor dem drohenden Verlust „retten" zu können, indem er es kaufte. So schaffte er ausschließlich aus Tirol stammendes Mobiliar, Antiquitäten und alte Zirben- und Lärchenholztäfelungen herbei, was den bewohnbaren Räumen der Burg durchaus zu einer angemessenen Einrichtung verhalf. Mit Kachelöfen vom Nonsberg, Teppichen und einigen Bildern gab er der Burg eine Wohnlichkeit zurück, die diese seit Jahrhunderten missen musste.

Burg Taufers mit dem 1903 abgetrepptem Bergfried (vor 1969).

Türe im Gästezimmer des Südtrakts, 1601.

Auf diese Weise kam einerseits die Serie der Schülerporträts (als „Kinder ehemaliger Besitzer" verkannt) nach Taufers zurück, andererseits wurden dem Krankenzimmer des Tauferer Armenhauses ein gotischer Plafond und der Tauferer Pfarrkirchensakristei die Einrichtung des Jahres 1696 entnommen.

Anders als bei den Pflichten des Burgherrn gaben sich die öffentlichen Stellen bei den Rechten Lobmeyrs zugeknöpft; doch auch hier setzte er nach etlichen Jahren die Rechte der Burg (z. B. Eigenjagd, Fischerei) durch.

## Unsichere Zukunft für die Burg Taufers

Nach etwa einem halben Jahrzehnt der Bautätigkeit setzte Lobmeyr sein Interesse an Taufers etwas hintan: Wie der spätere Konservator, Oswald Graf Trapp (1899–1988), zu berichten wusste, war die Entscheidung der k.k. Zentralkommission bezüglich des Bergfrieds eine tiefe Enttäuschung für Lobmeyr gewesen, die dessen Tatkraft eingeschränkt hatte. Projekte (z.B. Elektrifizierung) verzögerten sich, Wiesen und selbst der dazugehörende Ansitz Schrottwinkel wurden verkauft und Pfandverschreibungen unterzeichnet. Im Jahr 1909 kam sogar das Gerücht auf, Lobmeyr würde die Burg an Erzherzog Franz Ferdinand von Österreich verkaufen. Der Erste Weltkrieg brachte Militärs und Kriegsgefangene in die Burg.

1918 gelangte die Burg Taufers tatsächlich an einen neuen Besitzer, und zwar an den Apotheker Karl Koltscharsch († 1922) aus Wiener Neustadt. Der frühe Tod des Besitzers und wirtschaftliche Schwierigkeiten der Erben entrissen der Burg bedeutendes bewegliches und unbewegliches Gut, so auch ein gotisches Getäfel, das nach Kalifornien gelangte und sich seit 1965 in der Burg Klamm (Obsteig, Nordtirol) befindet. Es beinhaltete den umlaufenden Rätselspruch:

Gästezimmer im zweiten Geschoss des Südtrakts, von Ludwig Lobmeyr zu Beginn des 20. Jahrhunderts in die heutige Form gebracht. ▷

Salon im zweiten Geschoss des Gästetrakts.

„Ein junckfraw nit ains tages alt was
die na[ms] ein man fürwar
ee das sü wart ains jar alt do gewans‘
ain kindt vo manes gewalt
sü starb, ee das sü wart geporen, /
rat recht odr‘ du hast ve‘loren“

(Lösung: Eva)

## Neues Leben erfüllt die Burg

1954 erwarb Prof. Dr. Joseph Prader (1915–2006) als kirchenrechtlicher Treuhänder des Seitenstettener Prof. Dr. P. Hieronymus Gassner OSB (1901–1976) die Burg Taufers. Der spätere Titularabt Gassner setzte das von Lobmeyr begonnene Werk fort, bereicherte die Burg mit zahlreichen

Kardinalszimmer, benannt nach Eugène Kardinal Tisserand, der auf Einladung des Abtes Hieronymus Gassner mehrere Sommer auf Taufers verbrachte und hier seinen 80. Geburtstag feierte. Er gilt als ein früher „Entdecker“ des jungen Priesters Josef Ratzinger (Papst Benedikt XVI.).

Rittersaal, „Schutzmantelmadonna mit Totentanz" von Lydia Roppolt, 1968 (restauriert 2005).

Bildern und bemühte sich um eine Instandhaltung. Natürlich begriff der Professor für Fundamentaltheologie und Liturgie die Burg Taufers als Kulturdenkmal, doch tat er dies weder in jener historisierenden Art Lobmeyrs noch in der akademischen Betrachtungsweise unserer Zeit. Während seiner Abwesenheit wusste der Burgherr, auch telephonisch Anweisungen zur Neueinrichtung der Burg zu geben, um Möbel und Gegenstände verändert zu platzieren. Neues oder Neuinterpretiertes ließ er in einer zeitgenössischen Sprache zu: Den steinernen Altar der Burgkapelle bestückte er mit einem schlichten, goldenen Tabernakel und ehrte das romanische Kruzifix, indem er diesem, der Mode der Zeit entsprechend, niedrige Messingleuchter zur Seite stellte. Konsequent, wenngleich in der Öffentlichkeit kontrovers diskutiert, überließ er der Moskauerin Lydia Roppolt (1922–1995) eine Wand des Rittersaals, wo diese mit lebensfrohen, großzügig aufgetragenen und kräftigen Farben, wie Indischgelb und Königsblau, das enorme Fresko „Schutzmantelmadonna mit Totentanz" schaffen konnte. Es wurde am 5. Mai 1968 durch Kardinal Walther Benno Gut gesegnet.

Altes oder das Bild von etwas Altem, zeigte Gassner in seiner überkommenen, beziehungsweise ursprünglichen Form: Bereits 1954 ließ er die Fresken der Kapelle freilegen, ohne die vorhandenen Fehlstellen phantasievoll zu ergänzen. Anders fiel die Entscheidung aus, wo eine ausreichende Kenntnis über den Originalzustand gegeben war. Es ist das größte Verdienst des Titularabtes, dem Vorschlag des staatlichen Denkmalpflegers, Professor Nicolò Rasmo, gefolgt zu sein und den für das Erscheinungsbild der Burg Taufers höchst bedeutenden, aber bereits unter den Grafen Ferrari ein-

Das so genannte „Napoleonzimmer" im Südtrakt wurde als Schlafgemach genutzt.

gestürzten Bergfried mit Hilfe einer einheimischen Baufirma zwischen 1969 und 1971 wieder aufgerichtet zu haben. Insbesondere die durch die Materialwahl harmonische und trotzdem deutlich an der Mauer ablesbare Rekonstruktion fand weitum Anerkennung. Die Entscheidung der k. k. Zentralkommission vom Jahre 1903 war damit rückgängig gemacht.

## Umfangreiche Restaurierung

Am 15. August 1976 verstarb Abt Gassner und wurde in der Burgkapelle aufgebahrt. Wenig später verkaufte Monsignore Joseph Prader als Eigentümer (mit Zustimmung des Klosters Seitenstetten) dem Südtiroler Burgeninstitut die Burg Taufers. Die feierliche Übergabe erfolgte am 15. August 1977.

Der ehrenamtlich geführte Verein war nach schwierigen Jahrzehnten im Jahre 1963 gegründet worden, als die Lage der Burgen in Südtirol noch sehr gefährdet schien.

Besitzer und Verwalter von öffentlich zugänglichen wie privaten Burgen und Schlössern, Wissenschafter und Burgenfreunde schlossen sich bei der Gründungsversammlung im damaligen Südtiroler Burgenmuseum in Kaltern zusammen, um auf den privaten, aber auch auf den öffentlichen Auftrag zur Erhaltung der Burgen, Ansitze und Schlösser hinzuweisen. Der Erwerb der Trostburg bei Waidbruck 1967 war ein wirksames Zeichen, dieser Verpflichtung Ausdruck zu verleihen. Ein Fingerzeig, der wahrgenommen wurde, als die staatliche Denkmalpflegekompetenz im Rahmen des zweiten Autonomiestatuts auf die Landesverwaltung übertragen wurde. Das Zusammenwirken eines über Jahrhunderte angereicherten Erfahrungsschatzes, wissenschaftlicher Auseinandersetzung in denkmalpflegerischen, rechtlichen und wirtschaftlichen Fragen und eines mitunter romantischen Zugangs zur Burg fand Beachtung, weshalb 1977 auch die Burg Taufers erworben werden konnte.

Nach der Erarbeitung einer umfangreichen Baudokumentation wurden die Dächer der Burg mit gespaltenen Lärchenschindeln eingedeckt. Es folgten Sicherungsarbeiten am Burgfelsen, der Ausbau des Kastens für kulturelle Veranstaltungen und die Sanierung des Burgweges. Insbesondere bei der umfassenden Fassadenkonservierung vertrat das Südtiroler Burgeninstitut auf Vorschlag seines Wissenschaftlichen Beirats (Koordinator Arch. Hanns von Klebelsberg, † 1999) eine Vorgangsweise, die aufgrund der großflächig fehlenden Putzteile keine Wiederherstellung des Fassadenputzes vorsah, sondern vielmehr unter Berücksichtigung des „Alterungswerts" ein steinsichtiges Mauerwerk zuließ, das die Baugeschichte besser offenbart. Es folgten zudem Restaurierungen des Inventars und nicht minder wertvolle Instandhaltungsarbeiten im Inneren der Burg. Im Laufe der letzten drei Jahrzehnte hat das Südtiroler Burgeninstitut mit Hilfe seiner öffentlichen wie privaten Förderer wichtige Akzente gesetzt, das Kulturdenkmal Taufers längerfristig zu erhalten.

Am 15. August 1977 erfolgte die feierliche Schlüsselübergabe an das Südtiroler Burgeninstitut.

# Wenn die Führungsglocke läutet ...

Über mehrere ehemalige Zugbrücken und durch Wehrtürme wird der Innenhof der Burg erreicht. Dort ist der gesamte Gebäudekomplex mit den Wohntrakten und dem einstigen Kornkasten zu überblicken. Interessierte erhalten Zutritt zum Burggarten, zur Schmiede, zum Eiskeller und zum Bergfried, wo ein Dokumentarfilm zur Burg gezeigt wird. Hinweistafeln bieten zudem wissenswerte Informationen. In den Sommermonaten finden im Burghof oder im Kasten kulturelle Veranstaltungen statt. Jene Burgbesucher, die an einem geführten Rundgang durch die 21 eingerichteten Räume teilnehmen, bekommen unter anderem den Gerichtssaal, die Amtsstube, die Folterkammer und das Verlies, die Burgkapelle mit ihren gotischen Fresken, das Krankenzimmer mit den Schülerporträts aus dem 16. Jahrhundert, den Rittersaal mit dem Fresko der Schutzmantelmadonna mit Totentanz und das Geisterzimmer zu sehen. Als besondere Höhepunkte gelten der große Bibliothekssaal und der wohnliche Gästetrakt mit dem so genannten Napoleonszimmer, dem Gästezimmer und dem Salon sowie dem großzügigen Kardinalszimmer über der rauschenden Ahr. Natürlich darf auch ein Besuch der Rüst- und Waffenkammer, des langen Wehrgangs, von dem die Anlage überblickt werden kann, und des Bergfrieds mit seiner schönen Aussicht nicht fehlen.

**Burg Taufers**
**Ahornach 1, I-39032 Sand in Taufers**
**Tel./Fax +39 0474 678053**
**taufers@burgeninstitut.com**
**www.burgeninstitut.com**

## Literatur (Auswahl)

ARX. Burgen und Schlösser in Bayern, Österreich und Südtirol, Bozen 1979 ff.
Bitschnau, Martin: Burg und Adel in Tirol, Wien 1983.
Fachbereich Architektur der FHM [Hrsg.]: Baudokumentation, Bd. 7, Burg Taufers im Ahrntal, München 1980.
Hohenbühel, Hans-Christoph, von: Schloss Taufers. Führung durch Geschichte und Kunst, Bozen 1992.
Hörmann, Magdalena [Hrsg.]: Tiroler Burgenbuch, Bd. 9, Pustertal, Bozen 2003.
Kustatscher, Erika: Die Herren von Taufers (phil. Diss.), Innsbruck 1987.
Landi, Walter [Red.]: Romanen & Germanen im Herzen der Alpen zwischen 5. und 8. Jahrhundert, Bozen 2005.
Stolz, Otto: Landesbeschreibung von Südtirol, Innsbruck 1937.
Südtiroler Burgeninstitut [Hrsg.]: Südtiroler Burgenkarte, Bozen 1995.
Verwaltung Schloß Taufers: Schloß Taufers/Campo Tures, München ³1974.
Weingartner, Josef: Die Kunstdenkmäler Südtirols, Bd. 1, Bozen ⁷1985.

Der Dank des Autors gilt in erster Linie dem Herausgeber Südtiroler Burgeninstitut, dem Verlag Schnell & Steiner, dem Zeichner Loreno Confortini und dem Fotografen Augustin Ochsenreiter, für inhaltliche Anregungen und Hinweise Dr. Walter Landi, Dr. Daniel Mascher, Dr. Martin Aigner und † Msgr. Prof. Dr. Joseph Prader und für eine gute organisatorische Zusammenarbeit mit dem Südtiroler Burgeninstitut dem Präsidenten Freiherrn Dr. Carl Philipp von Hohenbühel und Sigrid Pernthaler sowie Castellan Dr. Alexander Maier und Freiherrn Georg von Eyrl.

**SÜDTIROLER BURGENINSTITUT**
Obstplatz 25, I-39100 Bozen, Tel./Fax +39 0471 982255
Trostburg, I-39040 Waidbruck, Tel. +39 0471 654401
www.burgeninstitut.com

**Titelbild:**
Ostansicht der Burg Taufers, 2006.
**Klappe innen:**
Baualtersplan und Tuschzeichnung der Burg Taufers mit „aufgebrochenen" Fassaden.
**Klappe außen:**
Burg Taufers im Sommer, 2006.
**Rückwärtige Umschlagseite:**
Krankenzimmer der Burg Taufers, Mittelfeld eines von Ludwig Lobmeyr erworbenen gotischen Plafonds mit dem Wappen des Grafen Heinrich von Niedersalm.

**Herausgeber:**
Südtiroler Burgeninstitut, Bozen, Obstplatz 25
www.burgeninstitut.com, info@burgeninstitut.com

2. Auflage 2016

Leibnizstraße 13, D-93055 Regensburg
Übersetzung ins Italienische: Walter Landi, Leifers
Druck: Grafisches Centrum Cuno GmbH & Co. KG, Calbe
ISBN 978-3-7954-3130-3

Weitere Informationen zum Verlagsprogramm erhalten Sie unter: www.schnell-und-steiner.de

**Foto- und Bildnachweis:** Tiroler Burgenbuch (Band 9): S. 7 (Magdalena von Hörmann) und S. 28 (Tiroler Landesmuseum Ferdinandeum, Meinrad Pizzinini); Südtiroler Burgeninstitut: S. 13 (Archeotek); S. 3, 25, 32 oben, 36, 40/41, 50, 51 und S. 53–55 unten (Archiv); Klappe innen unten (FHM Fachbereich Architektur); Klappe innen oben, S. 12 und S. 32 unten (Loreno Confortini, Modena); S. 48/49 (Gianmario Finadri, Mezzolombardo); S. 22 und S. 63 (Robert Gruber); Titelbild, 2. Umschlagseite und S. 1, 4. Umschlagseite, Klappe außen, S. 9, 14, 15, 16, 17, 18, 19, 20, 21, 22r, 31, 33, 34, 35, 37, 38, 39, 42, 44/45, 46, 47, 56, 57, 58, 59, 60 und S. 62 (Augustin Ochsenreiter, Bozen); S. 26/27 und 3. Umschlagseite (Tourismusverein Sand in Taufers); Sigrid Pernthaler (mit freundlicher Genehmigung von Matthias Abram): S. 5 und S. 6.

Burgenland Südtirol

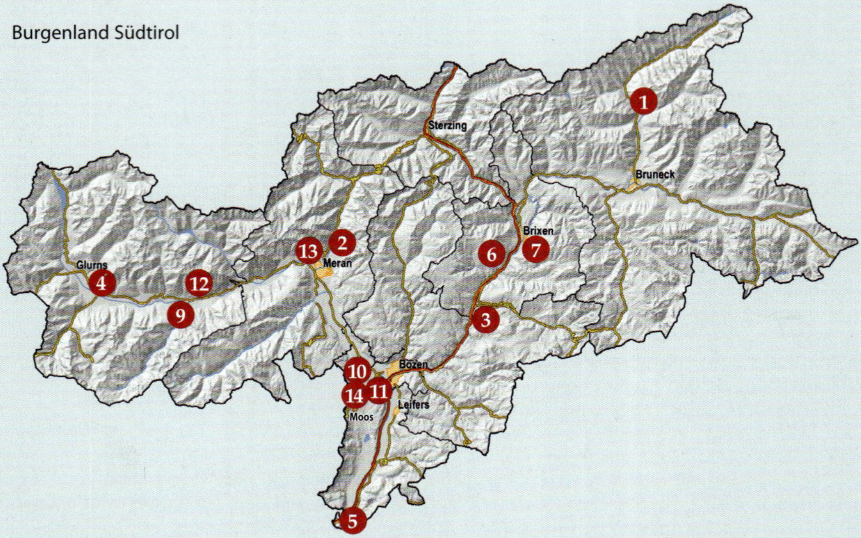


*In der vom Südtiroler Burgeninstitut, Bozen, begründeten Reihe „Burgen" sind erschienen:*

Burgen 1
Alexander von Hohenbühel
**Taufers** (2. Auflage 2016)

Burgen 2
Franz Spiegelfeld
**Schloss Schenna** (2008)

Burgen 3
Alexander von Hohenbühel
**Trostburg** (2008)

Burgen 4
Helmut Stampfer
**Churburg** (2009)

Burgen 5
Walter Landi
**Haderburg** (2010)

Burgen 6
Leo Andergassen
**Schloss Velthurns** (2010)

Burgen 7
Johann Kronbichler
**Hofburg Brixen** (2010)

Burgen 9
Leo Andergassen
**Montani** (2011)

Burgen 10
Walter Landi,
Helmut Stampfer, Thomas Steppan
**Hocheppan** (2011)

Burgen 11
Leo Andergassen, Helmut Stampfer
**Burg Sigmundskron** (2014)

Burgen 12
Leo Andergassen, Florian Hofer
**Kastelbell** (2013)

Burgen 13
Leo Andergassen
**Schloss Tirol** (2015)

Burgen 14
Helmut Stampfer
**Moos** (2016)


**SÜDTIROLER BURGENINSTITUT**
Obstplatz 25 · I-39100 Bozen
Tel./Fax +39 0471 982255
www.burgeninstitut.com